BEI GRIN MACHT SICH IHR WISSEN BEZAHLT

- Wir veröffentlichen Ihre Hausarbeit, Bachelor- und Masterarbeit

- Ihr eigenes eBook und Buch - weltweit in allen wichtigen Shops

- Verdienen Sie an jedem Verkauf

Jetzt bei www.GRIN.com hochladen und kostenlos publizieren

Bibliografische Information der Deutschen Nationalbibliothek:

Die Deutsche Bibliothek verzeichnet diese Publikation in der Deutschen National-
bibliografie; detaillierte bibliografische Daten sind im Internet über http://dnb.d-
nb.de/ abrufbar.

Dieses Werk sowie alle darin enthaltenen einzelnen Beiträge und Abbildungen
sind urheberrechtlich geschützt. Jede Verwertung, die nicht ausdrücklich vom
Urheberrechtsschutz zugelassen ist, bedarf der vorherigen Zustimmung des Verla-
ges. Das gilt insbesondere für Vervielfältigungen, Bearbeitungen, Übersetzungen,
Mikroverfilmungen, Auswertungen durch Datenbanken und für die Einspeicherung
und Verarbeitung in elektronische Systeme. Alle Rechte, auch die des auszugsweisen
Nachdrucks, der fotomechanischen Wiedergabe (einschließlich Mikrokopie) sowie
der Auswertung durch Datenbanken oder ähnliche Einrichtungen, vorbehalten.

Impressum:

Copyright © 2017 GRIN Verlag, Open Publishing GmbH
Druck und Bindung: Books on Demand GmbH, Norderstedt Germany
ISBN: 9783668586604

Dieses Buch bei GRIN:

http://www.grin.com/de/e-book/383013/chancen-und-risiken-der-leiharbeit

Jan Baumeister

Chancen und Risiken der Leiharbeit

GRIN Verlag

GRIN - Your knowledge has value

Der GRIN Verlag publiziert seit 1998 wissenschaftliche Arbeiten von Studenten, Hochschullehrern und anderen Akademikern als eBook und gedrucktes Buch. Die Verlagswebsite www.grin.com ist die ideale Plattform zur Veröffentlichung von Hausarbeiten, Abschlussarbeiten, wissenschaftlichen Aufsätzen, Dissertationen und Fachbüchern.

Besuchen Sie uns im Internet:

http://www.grin.com/

http://www.facebook.com/grincom

http://www.twitter.com/grin_com

Chancen und Risiken der Leiharbeit

Seminararbeit

für das Seminar Rechtsfälle der Personal- und Führungspraxis

im Studiengang Betriebswirtschaft und Unternehmensführung

der Hochschule Heilbronn

im Sommersemester 2017

Jan Baumeister

8. Semester

Inhaltsverzeichnis

Abkürzungsverzeichnis

§	Paragraph
Abs.	Absatz
ANÜ	Arbeitnehmerüberlassung
AÜG	Arbeitnehmerüberlassungsgesetz
BGB	Bürgerliches Gesetzbuch
i. V. m.	in Verbindung mit
Nr.	Nummer
S.	Satz, Seite
Vgl.	Vergleich

1. Einleitung

1.1 Einführung in die Thematik

Heutzutage wird in der Wirtschaft, der Politik und den Medien viel darüber diskutiert, welche Art von Arbeitsverhältnis zwischen Arbeitnehmer und Arbeitgeber herrscht und welche alternativen Möglichkeiten es gibt, Arbeitnehmer einzustellen. Eine Alternative ist dabei die Leiharbeit, über die ebenfalls viel debattiert wird und es auch oft zu Neuerungen kommt.

Warum ist es so wichtig, sich mit dem Thema der Leiharbeit zu beschäftigen? Sowohl für den Arbeitnehmer als auch für den Arbeitgeber ist eine Auseinandersetzung mit dieser Beschäftigungsart unabdingbar. Beide Seiten können aus dem Einsatz der Leiharbeit Chancen ziehen, sich aber auch mit Risiken behaften.

Bei der Diskussion um Leiharbeit sollte zum einen nicht verachtet werden, dass diese eine deutliche Flexibilisierung des Arbeitsmarktes mit sich bringt und eine Möglichkeit bietet, der Arbeitslosigkeit entgegenzuwirken. Zum anderen aber auch, dass Leiharbeitnehmer im Nachteil sein können gegenüber ihren Kollegen, die fest angestellt sind.

Das Ziel dieser Arbeit ist deshalb, sich diesen Punkten, also den Chancen und Risiken der Leiharbeit, zu widmen und diese gegenüberzustellen.

1.2 Aufbau der Arbeit

Beginnend mit den Grundlagen zur Leiharbeit, welche die Definition der Leiharbeit beinhalten, soll ein genauer Überblick gegeben werden wie Leiharbeit rechtlich geregelt ist. Mit der Arbeitnehmerüberlassungsreform (AÜG Reform) von 2017 soll dann kurz darauf eingegangen werden, welche Neuerungen die Arbeitnehmerüberlassung (ANÜ) im Detail erfahren hat. Außerdem soll damit gezeigt werden, welche Auswirkungen diese Änderungen auf alle Parteien der ANÜ hat. Gemäß verschiedener aktueller Quellen wird ebenfalls noch kurz auf die derzeitige Entwicklung der Leiharbeit in Deutschland eingegangen.

Im weiteren Verlauf der Arbeit werden dann die Chancen und Risiken der Leiharbeit aufgezeigt. Zunächst werden die Chancen beschrieben, um im Anschluss dann auf die Risiken eingehen zu können. Abschließend wird im Fazit die eigene Meinung in den Vordergrund kommen. Dabei wird beantwortet, ob sich Leiharbeit nun als Chance oder als Risiko erweist oder beides im Einklang steht.

2. Konzeptionelle Grundlagen

2.1 Definition von Leiharbeit

Leiharbeit wird oft auch bezeichnet als „Zeitarbeit" oder „Arbeitnehmerüberlassung" (ANÜ).[1] Dabei wird der Begriff „Leiharbeit" besonders für gewerkschaftliche Angelegenheiten benutzt. In den Gesetzbüchern ebenfalls etabliert haben sich die Bezeichnungen des „Entleiher" und „Verleiher", deshalb ist die Benennung „Leiharbeit" dem eigentlich Zweck dieses Arbeitsmodelles am nächsten.[2] Jedoch gibt es in Verbindung mit dem Bürgerlichen Gesetzbuch (BGB) mit dem Begriff „Leihe" ein Problem. Geschildert wird er dort im § 598 BGB als Überlassung einer Sache, die nicht gegen Entgelt getauscht wird. Demnach stiftet diese Bezeichnung oft Verwirrung zwischen den Arbeitskräften.[3] Unabhängig davon ob der Begriff fragwürdig ist wird dieser dennoch weiterhin verwendet.

Die gesetzliche Bezeichnung für die Leiharbeit ist „Arbeitnehmerüberlassung". Diese wird, wie der Name schon sagt, im Arbeitnehmerüberlassungsgesetz (AÜG) geregelt.[4] Einfach beschrieben findet eine Überlassung eines Arbeitnehmers von seinem Arbeitgeber an einen Dritten statt. Dabei sind drei Parteien beteiligt: Zum einen der Arbeitnehmer (Leiharbeitnehmer), Zum anderen der Arbeitgeber (Verleiher) und au-

---

[1] Vgl. Ulber, Leiharbeit, 2015, S. 25.
[2] Vgl. Scheriau, Leiharbeit und Werkvertrag, 2012, S.5.
[3] Vgl. Gutmann/Kilian, Zeitarbeit - Fakten, Trends und Visionen, 2015, S.19; i. V. m. BGB, 1896, § 598.
[4] Vgl. Gutmann/Kilian, Zeitarbeit - Fakten, Trends und Visionen, 2015, S.19.

ßerdem ein Dritter (Entleiher).[5] Diese Konstellation nennt sich auch Dreiecksbeziehung.[6] Dabei ist zwischen dem Entleiher und Verleiher ein Arbeitsvertrag entstanden, der die Arbeitnehmerüberlassung abschließt.[7] Der Verleiher übergibt somit den Leiharbeitnehmer an den Entleiher, damit dieser den Arbeitnehmer für einen bestimmten Zeitraum beschäftigen kann.[8]

Wie die Regelungen der ANU im AÜG dazu im Einzelnen aussehen und welche rechtlichen Grundlagen gelten, wird im nächsten Abschnitt dieser Arbeit genauer erläutert.

2.2 AÜG – Reform 2017

Zunächst einmal ist zu sagen, dass sich Gesetze stätig ändern und erneuern, genauso wie auch das AÜG. Erst vor kurzem, genauer gesagt zum 01.04.2017, gab es eine umfassende Änderung des AÜGs. Dabei wurden von der Regierung neue Regelungen eingeführt, die in der Praxis auf die jeweiligen Parteien einer ANÜ großen Einfluss haben und der Arbeitsmarkt sich dadurch auch stark verändern wird. Beabsichtigt wurde damit ein Entgegenwirken auf die Probleme, die bisher im Zusammenhang mit der Leiharbeit auftraten.[9]

Eine bedeutende Änderung der AÜG ist die Überlassungshöchstdauer von 18 Monaten.[10] Gemäß § 1 Abs. 1b AÜG ist es dem Verleiher nicht mehr gestattet den Leiharbeitnehmer länger als 18 Monate in Folge an denselben Entleiher zu übergeben. Ebenso darf der Entleiher den Arbeitnehmer auch keine 18 Monate bei sich beschäftigen. Wenn der Leiharbeitnehmer aber eine Pause zwischen den Einsätzen einlegt von mehr als 3 Monaten, dann ist eine erneute Einstellung bei demselben Entleiher wieder für 18 Monate möglich.[11]

---

[5] Vgl. Junker, Grundkurs Arbeitsrecht, 2009, S.19.
[6] Vgl. Ulber, Leiharbeit, 2015, S. 27.
[7] Vgl. Ulber, Leiharbeit, 2015, S. 31.
[8] Vgl. Wolters, Leiharbeit – Arbeitnehmer- Überlassungsgesetz (AÜG), 2008, S. 11.
[9] Vgl. Beck, Das neue Arbeitnehmerüberlassungsgesetz (AÜG) 2017 (online).
[10] Vgl. Bödeker et al., Handbuch Leiharbeit und Werkverträge, 2017, S. 22.
[11] Vgl. AÜG, 1972, § 1 Abs. 1 b.

Ein Weiterer Punkt ist die Gleichstellung des Arbeitsentgelts für jeden Mitarbeiter. Dieser Gedanke entspricht dem sogenannten „Equal Pay" Grundsatz. Leiharbeitnehmer sollen nun beim Entleiher gleiches Entgelt erhalten wie ein Mitarbeiter, der dieselbe Arbeit durchführt und fest angestellt ist.[12] Davor konnten die Verleiher von dem Grundsatz, dass jeder für die gleiche Beschäftigung die gleiche Bezahlung erhält, stark abweichen. Der Inhalt des § 8 AÜG sorgt nun dafür, dass der Verleiher nur noch für einen bestimmten Zeitraum von diesem Grundsatz abweichen kann.[13] Der § 8 Abs. 4 besagt, dass nach 9 Monaten Beschäftigung der Leiharbeitnehmer den gleichen Lohn bekommen soll wie ein Festangestellter.[14] Nach § 8 Abs. 4 S. 1 kann diese Regelung auch auf 15 Monate verlängert werden, wenn Tarifverträge bei den Leiharbeitnehmern gelten, die Branchenabhängig sind und dementsprechend schon so vergütet werden.[15]

Eine weitere wichtige erwähnenswerte Abänderung des AÜGs ist die Offenlegungs- und Konkretisierungspflicht und auch das Verhindern der „Fallschirmlösung".[16] Der § 1 Abs. 1 S. 5 AÜG besagt dabei, dass der Verleiher und der Entleiher im Arbeitsvertrag des Leiharbeitnehmers die ANU dort auch als diese kennzeichnen, bevor der Arbeitnehmer dem Unternehmen des Entleiher zur Verfügung steht und dort auch beschäftigt werden kann.[17] Außerdem muss nun gemäß § 1 Abs. 1 S. 6 AÜG der vollständige Name des Leiharbeitnehmers im Arbeitsvertrag aufgenommen werden und die Person konkretisiert werden.[18] Zuletzt muss der Arbeitnehmer schließlich auch noch die Auskunft erhalten, dass er statt in einem normalen Arbeitsverhältnis in einer ANÜ eingestellt ist, welches im § 11 Abs. 2 S. 4 AÜG geregelt ist.[19]

Zu guter Letzt ist noch die Fiktion des Arbeitsverhältnisses zu nennen, worin Neurungen im AÜG vorgenommen wurden.[20] Arbeitnehmer, bei denen die Überlassungshöchstdauer überschritten wurde oder bei denen die Offenlegungs- und Konkretisierungspflicht nicht beachtet wurde, befinden sich nach dem § 9 Abs. 1 Nr. 1 – 1 b AÜG nicht mehr in einem Arbeitnehmerüberlassungsverhältnis, das Arbeitsver-

---

[12] Vgl. Unger, Diese Änderungen bei der Leiharbeit sollten Arbeitgeber kennen, 2017 (online).
[13] Vgl. Bödeker et al., Handbuch Leiharbeit und Werkverträge, 2017, S. 23.
[14] Vgl. AÜG, 1972, § 8 Abs. 4.
[15] Vgl. AÜG, 1972, § 8 Abs. 4 S. 1.
[16] Vgl. Bödeker et al., Handbuch Leiharbeit und Werkverträge, 2017, S. 23-24.
[17] Vgl. AÜG, 1972, § 1 Abs. 1 S. 5.
[18] Vgl. AÜG, 1972, § 1 Abs. 1 S. 6.
[19] Vgl. AÜG, 1972, § 11 Abs. 2 S. 4.
[20] Vgl. Bödeker et al., Handbuch Leiharbeit und Werkverträge, 2017, S. 24.

hältnis ist demnach somit unwirksam.[21] Der § 10 Abs. 1 S. 1 AÜG besagt ergänzend dazu, dass, wenn das Arbeitsverhältnis nach § 9 AÜG ungültig ist, zwischen dem Entleiher und dem Leiharbeitnehmer ein fiktiver Arbeitsvertrag entstanden ist.[22]

Abschließend zu diesen oben genannten Änderungen des AÜG im Jahr 2017 kann man sagen, dass sich diese sowohl stark auf den Leiharbeitnehmer auswirken, als auch großen Einfluss auf Verleiher und Entleiher haben und auf den Einsatz von Leiharbeit spürbar einwirken.

2.3 Entwicklung der Leiharbeit in Deutschland

Die Entwicklung der Leiharbeit in Deutschland ist stark abhängig von gesetzlichen Neuerungen aber auch Veränderungen der wirtschaftlichen Lage. 1993 zum Beispiel gab es etwa 114.000 Leiharbeitnehmer, diese Anzahl verdoppelte sich fünf Jahre später. Heute liegt die Anzahl der Leiharbeitnehmer auf dem Arbeitsmarkt ungefähr bei etwa über 1.000.000.[23]

In welcher Branche wird Leiharbeit häufig eingesetzt? Meist sind es Branchen der Maschinen- oder Fahrzeugbauindustrie. In der Metall- und Elektroindustrie (Stand: 2016) sind mit etwa 36 Prozent die Mehrheit an Leiharbeiter eingesetzt. Danach folgt Maschinenbau mit etwa 11 Prozent und direkt dahinter Fahrzeugbau mit etwa 10 Prozent.[24]

Die Anzahl der Leiharbeitsfirmen in Deutschland ist auf einem ziemlich hohen Niveau. 2013 gab es in etwa 18.500 von Verleihbetriebe. 2014 sind diese nicht gesunken oder gestiegen, sondern auf gleichem Level geblieben. Außerdem lässt sich sagen, dass der Anteil an Leiharbeit im Vergleich zu Normalbeschäftigten mit etwa 2,5 Prozent im Jahre 2015 zwar gering ausfällt, jedoch alleine gesehen nicht zu verachten sein sollte.[25]

---

[21] Vgl. Bissels, Zeitarbeit wird teurer und komplizierter, 2017 (online) i. V. m. AÜG, 1972, § 9 Abs. 1. Nr. 1 – 1b.
[22] Vgl. AÜG, 1972, § 10 Abs. 1 S. 1.
[23] Vgl. Bundesagentur für Arbeit Statistik/Arbeitsmarktberichterstattung, 2017, S. 6-7.
[24] Vgl. Zeit Online, Zahl der Leiharbeiter steigt auf Höchststand, 2016 (online).
[25] Vgl. Bundesagentur für Arbeit, Arbeitsmarktberichterstattung: Der Arbeitsmarkt in Deutschland – Zeitarbeit – Aktuelle Entwicklungen, 2015, S. 7-9.

Laut Statistischem Bundesamt sind überwiegend Männer als Leiharbeiter tätig. Die Quote liegt bei fast doppelt so vielen Männern wie Frauen. Der Anteil der Männer, die in einer Leiharbeitsfirma beschäftigt sind, liegt bei etwa zwei Drittel. Der Anteil der Frauen bei ein Drittel.[26]

3. Chancen der Leiharbeit

3.1 Flexibilisierung des Arbeitsmarktes

Es gibt viele Chancen der Leiharbeit, die man nennen könnte, jedoch würde das den Rahmen sprengen. Einer der Gründe warum Leiharbeit von vielen Unternehmen eingesetzt wird, ist, dass diese dadurch mehr Flexibilität gewinnen können. Zukünftige Mitarbeit auf dem Markt zu finden ist nicht einfach, daher erfreuen sich viele Arbeitgeber an der offensichtlich schnelleren Zugänglichkeit der Leiharbeitskräfte. Diese können dann für einen kurzen Zeitraum einen Bedarf abdecken und dienen zur Absicherung bei wirtschaftlichen Veränderung. Unternehmen können außerdem auch auf konjunkturelle Schwankungen schneller reagieren.[27]

Der Entleiher kann von dem Einsatz der Leiharbeiter ebenfalls einen Gewinn erzielen. Dieser kann sich bei einer erhöhten Nachfrage bei Zeitarbeitsfirmen bedienen. Außerdem wird dadurch eine erhöhte Fluktuation vermieden. Mit dem Einsatz von Leiharbeitern spart man außerdem auch die Kosten, die normalerweise bei dem Bewerbungsverfahren anfallen würden. Für Festangestellte würde der Entleiher das Risiko eines Ausfalles selber tragen müssen, in diesem Fall trägt es aber der Verleiher.[28]

Die Flexibilität der Leiharbeit äußert sich aber nicht nur dadurch, dass Leiharbeiter schnell zur Verfügung stehen und Lückenfüller sind und durch sie Kosten gespart werden können, sondern auch durch ihre nicht zu verachtenden Qualitäten. Leiharbeitnehmer haben in ihrem Berufsleben wahrscheinlich oft unterschiedliche Teams unterstützt und in verschiedenen Unternehmen gearbeitet und sind diesen Wechsel

---

[26] Vgl. Statistisches Bundesamt (Destatis), Zeitarbeiter häufig Männer mittleren Alters, 2017 (online).
[27] Vgl. Bornewasser/Zülch, Arbeitszeit – Zeitarbeit, 2012, S. 51.
[28] Vgl. Paradisi-Redaktion, Mögliche Gründe für den Einsatz von Zeitarbeit, 2011 (online)

durchaus gewöhnt. Deshalb besitzen sie aufgrund dessen auch sehr viel Knowhow sowohl in fachlicher, als auch in sozialer Hinsicht. Außerdem haben diese dadurch auch ein sehr gutes Verständnis für Prozesse und Organisationen.[29]

Wenn man der heutigen Gesellschaft Glauben schenken möchte, dann wirkt die Leiharbeit auch dem Fachkräftemangel entgegen. Unternehmen sind der Verfügbarkeit von guten qualifizierten Arbeitskräften angewiesen. Zeitarbeitsfirmen können dabei helfen und Leiharbeitnehmer den Betrieben zur Verfügung stellen.[30]

Die Tragweite, die die Flexibilisierung durch die Leiharbeit mit sich bringt, zeigt sich auch bei dem Vergleich von Unternehmen, die Leiharbeit nutzen und denen, die ohne Zeitarbeit arbeiten. Nach der Krise 2008/2009 und dem darauffolgenden Aufschwung Jahre 2010 haben sich die Unternehmen mit Leiharbeitern deutlich schneller regenerieren können, da diese flexibler im Umgang mit ihren Mitarbeitern sein konnten und durch ihre zusätzlichen „geliehenen" Arbeitskräften deutlich agiler auf dem Markt reagieren konnten.[31]

3.2 Verringerung der Arbeitslosigkeit

Durch den Einsatz von Leiharbeit wird der Arbeitsmarkt flexibler wie schon im oberen Abschnitt beschrieben. Diese Flexibilität wirkt sich ebenso auch auf die Arbeitslosigkeit aus und führt zu einem Abbau dieser.[32]

Zunächst einmal ist zu sagen, dass die Leiharbeit den Leiharbeitnehmern, die schon für den Kunden arbeiten, statistisch gesehen oft „kleben" bleiben. Diese Leiharbeitskräfte sind eingearbeitet, weisen die nötigen Qualifikationen auf und sind integriert im Unternehmen. Sie haben bereits dem Betrieb gezeigt, dass sie für die Aufgabe geeignet sind. Deshalb tendieren viele Arbeitgeber dazu die Leiharbeitskräfte zu übernehmen. Falls die Arbeitskräfte dann aber doch nicht übernommen werden sollten, dann besteht trotzdem noch die Chance, dass diese bei anderen Unternehmen auf-

---

[29] Vgl. Gutmann/Kilian, Zeitarbeit – Fakten, Trends und Visionen, 2015, S. 139.
[30] Vgl. Dinges et al., Zukunft Zeitarbeit, 2012, S. 25.
[31] Vgl. Dinges et al., Zukunft Zeitarbeit, 2012, S: 25-27.
[32] Vgl. Keller/Seifert, Atypische Beschäftigungsverhältnisse: Flexibilität, soziale Sicherheit und Prekarität, 2006, S. 236.

genommen werden aufgrund ihrer gesammelten Erfahrungen von unterschiedlichen Kundenunternehmen.[33]

Arbeitnehmer, die in der Zeitarbeitsbranche tätig sind, sehen den Vorteil auch darin, dass die Entleiher als Vermittler dienen. Sie geben den Leiharbeitern die Möglichkeit Kontakt aufzunehmen zu den Kunden, um eine Auswahl treffen zu können und um den jeweiligen Arbeitgeber besser kennen zu lernen. Außerdem könnte das später helfen, um die Beschäftigungschance zukünftig zu erhöhen.[34]

Aufgrund der Tatsache das Leiharbeiter die Chance haben auf eine Vollbeschäftigung, fallen diese nicht so leicht in die Arbeitslosigkeit zurück. Das gleiche gilt aber auch für Menschen, die arbeitslos sind, dass diese dann den Einstieg ins Berufsleben mithilfe der Leiharbeit leichter erreichen können.[35]

Das Problem der Leiharbeit dabei sei aber, dass durch den zusätzlichen Einsatz von Leiharbeitskräften, reguläre Stellen verdrängt werden könnten. Der Grund dafür könnte sein, dass sich Unternehmen leichter täten, befristete Stellen zu kreieren, um sich den Aufwand zu sparen unbefristete Stellen zu schaffen und diese dann besetzen zu müssen.[36] Den Abbau der Arbeitslosigkeit kann Zeitarbeit durchaus auslösen und den Menschen eine Möglichkeit bieten zurück ins Berufsleben zu finden. Außerdem kann sie auch verhindern, dass Arbeitnehmer überhaupt erst in die Arbeitslosigkeit fallen. Da aber Leiharbeiter ständig zwischen Unternehmen wechseln und sogar teilweise zwischendurch erwerbslos sind, kann Leiharbeit auf Dauer auch nicht die Lösung sein.[37]

---

[33] Vgl. Dinges et al., Zukunft Zeitarbeit, 2012, S. 28-29.
[34] Vgl. Dinges et al., Zukunft Zeitarbeit, 2012, S. 42.
[35] Vgl. Wisdorff, Zeitarbeit kann zusätzliche Stellen schaffen, 2013 (online).
[36] Vgl. Wisdorff, Zeitarbeit kann zusätzliche Stellen schaffen, 2013 (online).
[37] Vgl. Keller/Seifert, Atypische Beschäftigungsverhältnisse: Flexibilität, soziale Sicherheit und Prekarität, 2006, S. 242, 246.

4. Risiken der Leiharbeit

4.1 Ungewissheit des Arbeitsplatzes

Natürlich gibt es nicht nur positive Seiten, die Leiharbeit mit sich bringt. In dem Absatz „Verringerung der Arbeitslosigkeit" wurde auch schon deutlich, dass es auch Schattenseiten geben kann. Wie schon erwähnt verhindert Leiharbeit Arbeitslosigkeit, ist aber trotzdem eine Beschäftigungsart, die keine große Sicherheit birgt.

Leiharbeiter sind auf Dauer nicht zufrieden damit, ständig ihren Arbeitsplatz wechseln zu müssen und beklagen sich auch darüber, dass sie nicht richtig integriert seien und auch der feste Zusammenhalt im Team fehle. Bei der Leiharbeit handelt es sich außerdem um keine Beschäftigungsart, welche dadurch gekennzeichnet ist, dass sie eine ununterbrochene Tätigkeit ermöglicht. Problematisch dabei ist, dass die Arbeitskräfte es so empfinden könnten, dass sie sich in einer schlechten Lebenslage befinden und sich dann sozial benachteiligt fühlen könnten.[38]

Nicht nur den Leiharbeitern macht die Unsicherheit ihres Arbeitsplatzes zu schaffen, an den Festangestellten geht dieser Punkt ebenfalls nicht ohne Wirkung einfach so vorbei. Die Möglichkeit könnte bestehen, dass ihre Stellen durch die der Leiharbeitnehmer ersetzt werden. Dadurch besteht unter der Belegschaft ein großer Konkurrenzkampf und Angst entsteht, den Arbeitsplatz verlieren zu können.[39]

Eine Absicherung des Arbeitsplatzes ist demnach durch Leiharbeit nicht gegeben. Zwar sind die Leiharbeiter genauso gesetzlich versichert wie Festangestellte, das genügt jedoch nicht, um den Arbeitskräften Beständigkeit zu gewährleisten.[40]

---

[38] Vgl. Keller/Seifert, Atypische Beschäftigungsverhältnisse: Flexibilität, soziale Sicherheit und Prekarität, 2006, S. 238.
[39] Vgl. Promberger, Topographie der Leiharbeit: Flexibilität und Prekarität einer atypischen Beschäftigungsform, 2012, S. 249.
[40] Vgl. Keller/Seifert, Atypische Beschäftigungsverhältnisse: Flexibilität, soziale Sicherheit und Prekarität, 2006, S. 239.

4.2 Spaltung der Belegschaft

Aufgrund von vielen verschiedenen Faktoren, wie zum Beispiel der im vorherigen Abschnitt genannte Druck der unter den Arbeitskräften entsteht, kommt es zu einer Spaltung der Belegschaft, die sich auf die Arbeitsqualität auswirkt.[41]

Leiharbeitnehmer sind durch ihre Randstellung im Unternehmen nicht richtig integriert und werden womöglich von der Stammbelegschaft als nicht vollwertiges Mitglied angesehen. Die Unterschiede werden deutlich und es entstehen zwei gespaltene Gruppen im Unternehmen, die Leiharbeiter und die Festangestellten.[42]

Ebenfalls werden Leiharbeiter unabhängig davon ob sie gut qualifiziert sind, in Berufen eingesetzt, welche nur einfache Tätigkeiten beinhaltet, wodurch diese sich benachteiligt fühlen. Aber selbst dann, wenn Leiharbeitskräfte in gleichen Stellungen wie Festangestellte sind, kommt es dennoch zu Problemen. Konkurrenzverhalten und Streitigkeiten entstehen.[43]

5. Fazit

Zusammenfassend lässt sich sagen, dass Leiharbeit sowohl Chancen, als auch Risiken birgt. Durch den starken Einfluss der Leiharbeit auf den Arbeitsmarkt und die damit verbundene Flexibilisierung wird den Unternehmen ein schneller Zugriff auf Leiharbeitnehmer ermöglicht. Wenn es den Arbeitgebern in Krisenzeiten an Arbeitskräften mangelt oder aber ein Runterbrechen der Belegschaft notwendig ist, dann ist es für diese einfacher Leiharbeitskräfte anzuheuern oder den Vertrag mit diesen zu kündigen.

Der Leiharbeitnehmer ist qualifiziert durch den ständigen Wechsel von Unternehmen und den Aufgabenbereichen und ist deshalb meiner Meinung auch gut geeignet, um kurzfristig Lücken zu füllen und im Team auszuhelfen. Langfristig gesehen kann

---

[41] Vgl. Kloepfer, Arbeitnehmer zweiter Klasse, 2008 (online).
[42] Vgl. Schwaab/Durian, Zeitarbeit: Chancen - Erfahrungen – Herausforderungen, 2009, S. 100.
[43] Vgl. Schwaab/Durian, Zeitarbeit: Chancen - Erfahrungen – Herausforderungen, 2009, S. 100.

Leiharbeit den Bedarf an Arbeitskräften jedoch nicht decken, es fehlt an Beständigkeit und Sicherheit für die Arbeitnehmer. Für jemanden, der auf Jobsuche ist und sich erst einmal orientieren möchte, ist Leiharbeit eine gute Möglichkeit den Berufseinstieg zu wagen. Denn es werden ihm Kontakte ermöglicht und viele verschiedene Unternehmen zum Kennenlernen gegeben. Jemand der aber Sicherheit sucht und sich nicht ständig Sorgen machen möchte, ob er nach der abgelaufenen Zeit von 18 Monaten noch weiter erwerbsfähig bleibt, der sollte sich meiner Meinung nach einer festen Stellen umsehen.

Abschließend ist zu sagen, dass Leiharbeitnehmer als auch die Entleiher und Verleiher ihren Nutzen aus der Leiharbeit ziehen können, es aber immer wie bei jeder Sache auch Risiken gibt, die es zu beachten gilt.

Literaturverzeichnis

Arbeitnehmerüberlassungsgesetz in der Fassung der Bekanntmachung vom 3. Februar 1995 (BGBl. I S. 158), das zuletzt durch Artikel 1 des Gesetzes vom 21. Februar 2017 (BGBl. I S. 258) geändert worden ist. Online: https://www.gesetze-im-internet.de/a_g/A%C3%9CG.pdf (30.06.2017)

Beck, Manuela (2017): Das neue Arbeitnehmerüberlassungsgesetz (AÜG), Online: http://www.kanzlei-hasselbach.de/2017/arbeitnehmerueberlassungsgesetz-2017/04/ (30.06.2017)

Bissels, Alexander (2017): Die Reform des Fremdpersonaleinsatzes kommt: Zeitarbeit wird teurer und komplizierter, Online: http://www.lto.de/recht/hintergruende/h/reform-fremdpersonaleinsatz-zeitarbeit-aueg-betrvg-arbeitnehmer/ (30.06.2017)

Bornewasser, Manfred/Zülch, Gert (2012): Arbeitszeit – Zeitarbeit: Flexibilisierung der Arbeit als Antwort auf die Globalisierung, Wiesbaden: Springer Gabler, 2012

Bödeker, Ole-Jonas/Richter, Dr. Hanns-Uwe/Kilg, Doris/Teusch, Dr. Jan L./Hergenröder, Dr. Carmen Silvia/Becker, Silke/Kock, Dr. iur. Martin/Motz, Dr. Guido Norman (2017): Handbuch Leiharbeit und Werkverträge: Leitfaden für eine rechtssichere Umsetzung in der Praxis, Jena: Forum Verlag, 2017

Bundesagentur für Arbeit, Arbeitsmarktberichterstattung (2015): Der Arbeitsmarkt in Deutschland – Zeitarbeit – Aktuelle Entwicklungen, Nürnberg April 2015, Online: https://www.tina-voss.de/fileadmin/Redakteure/pdf/Arbeitsmarkt-Deutschland-Zeitarbeit-Aktuelle-Entwicklung.pdf (30.06.2017)

Bundesagentur für Arbeit, Statistik/Arbeitsmarktberichterstattung, Berichte (2017): Blickpunkt Arbeitsmarkt– Aktuelle Entwicklungen der Zeitarbeit, Nürnberg, Januar 2017, Online: https://statistik.arbeitsagentur.de/Statischer-Content/Arbeitsmarktberichte/Branchen-Berufe/generische-Publikationen/Arbeitsmarkt-Deutschland-Zeitarbeit-Aktuelle-Entwicklung.pdf (30.06.2017)

Bürgerliches Gesetzbuch in der Fassung der Bekanntmachung vom 2. Januar 2002 (BGBl. I S. 42, 2909; 2003 I S. 738), das zuletzt durch Artikel 6 des Gesetzes vom 6. Juni 2017 (BGBl. I S. 1495) geändert worden ist. Online: https://www.gesetze-im-internet.de/bgb/BGB.pdf (30.06.2017)

Dinges, Andreas/Franken, Heide/Breucker, Georg/Calasan, Vera/Speidel, Christian (2012): Zukunft Zeitarbeit: Perspektiven für Wirtschaft und Gesellschaft, Berlin, Heidelberg: Springer Verlag 2012

Gutmann, Joachim/Kilian, Sven (2015): Zeitarbeit – Fakten, Trends und Visionen, 4. Aufl., Freiburg: Haufe, 2015

Junker, Abbo (2009): Grundkurs Arbeitsrecht, 8. Aufl., München: Verlag C. H. Beck, 2009

Keller, Berndt/Seifert, Hartmut (2006): Atypische Beschäftigungsverhältnisse: Flexibilität, soziale Sicherheit und Prekarität, Online: https://www.boeckler.de/pdf/wsimit_2006_05_Keller.pdf (30.06.2017)

Kloepfer, Inge (2008): Arbeitnehmer zweiter Klasse, Online: http://www.faz.net/aktuell/wirtschaft/leiharbeiter-arbeitnehmer-zweiter-klasse-1714688.html (30.06.2017)

Paradisi – Redaktion (2017): Mögliche Gründe für den Einsatz von Zeitarbeit, Online: http://www.paradisi.de/Freizeit_und_Erholung/Arbeit_und_Beruf/Zeitarbeit/Artikel/14370.php (30.06.2017)

Promberger, Markus (2012): Topographie der Leiharbeit: Flexibilität und Prekarität einer atypischen Beschäftigungsform, Berlin: edition sigma, 2012

Scheriau, Karl Michael (2012): Leiharbeit und Werkvertrag: Rechtliche Grundlagen des AÜG, Rechte der Leiarbeitnehmer, Rechte des Betriebsrats, Abgrenzung von Arbeitnehmerüberlassung und Werkvertrag, 1. Aufl., Berlin: Autorenverlag K. M. Scheriau, 2012

Schwaab, Markus-Oliver/Durian, Ariane (2009): Zeitarbeit: Chancen - Erfahrungen – Herausforderungen, 1. Aufl., Wiesbaden: Springer-Verlag, 2009

Statistisches Bundesamt (Destatis) (2017): Zeitarbeiter häufig Männer mittleren Alters, Online: https://www.destatis.de/DE/ZahlenFakten/Indikatoren/QualitaetArbeit/Dimensio n4/4_4_Zeitarbeit.html (30.06.2017)

Ulber, Jürgen (2015): Leiharbeit: Ratgeber für Betriebsräte und Beschäftigte, Frankfurt am Main: Bund-Verlag, 2015

Unger, Angelika (2017): Diese Änderungen bei der Leiharbeit sollten Arbeitgeber kennen, Online: https://www.impulse.de/recht-steuern/rechtsratgeber/arbeitnehmerueberlassungsgesetz/3554076.html (30.06.2017)

Wisdorff, Flora (2013): Zeitarbeit kann zusätzliche Stellen schaffen, Online: https://www.welt.de/wirtschaft/article113114597/Zeitarbeit-kann-zusaetzliche-Stellen-schaffen.html (30.06.2017)

Wolters, Tobias (2008): Leiharbeit – Arbeitnehmerüberlassungsgesetz (AÜG), Düsseldorf: edition der Hans-Böckler-Stiftung 226, 2008

Zeit Online (2016): Zahl der Leiharbeiter steigt auf Höchststand, Online: http://www.zeit.de/wirtschaft/2016-09/arbeitsmarkt-leiharbeit-zuwachs-deutschland (30.06.2017)